Je cherche les mots avec Nicolas, le renard

Scénario de Jacqueline Rainaud
Illustré par Michel Rainaud
Editions HEMMA

Le  brille. Pas un 

dans le ciel, seulement une  .

Nicolas le  boit son 

de  et dévore des 

et des 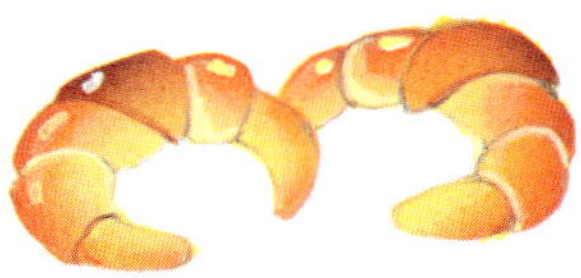 dorés, car il a hâte

d'arriver à la plage.

Nicolas le  prend vite son .

Accompagné de sa maman  , il

se dirige vers la 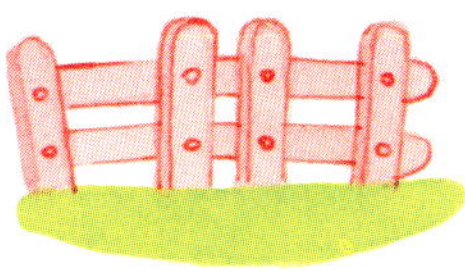 .

Un geste de la  et en route!

En chemin, Nicolas le 

dit bonjour à l' posé sur

la  d'un  .

Les , qui ont poussé dans

l', parfument l'air.

Derrière la 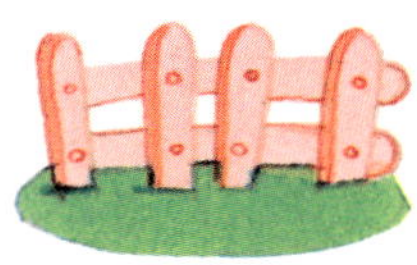, une  et

son petit  le regardent passer.

Un joli  vient se poser

sur le  de Nicolas le  .

Mais bien vite, il ouvre les 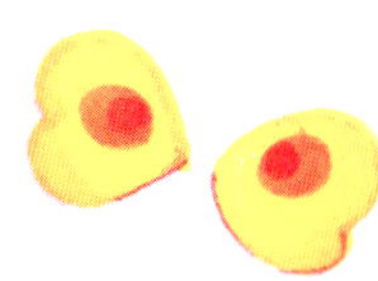 .

C'est avec joie que Nicolas le 

retrouve son ami Bruno le , qui

a déjà étalé sa  de bain,

près de son 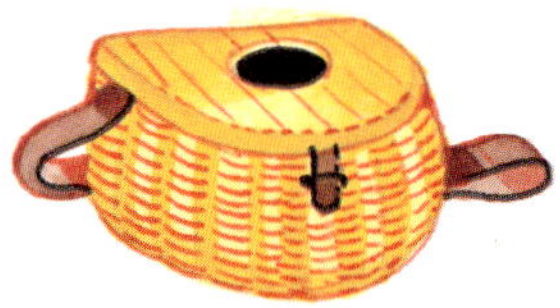 .

Nicolas le  laisse tomber son 

et se dirige rapidement vers le .

Son ami Bruno le  s'amuse avec un gros , tandis qu'un  semble vouloir monter jusqu'au  !

La baignade est permise. Le 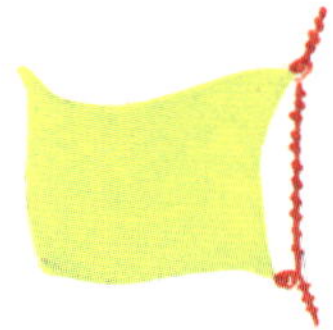

vert est accroché au 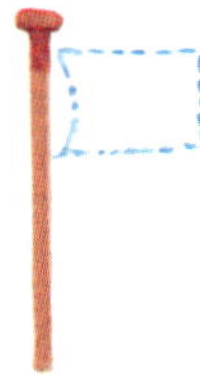.

Nicolas le  prend sa  et

son  de plongée.

Bruno le , tire, au bout

d'une 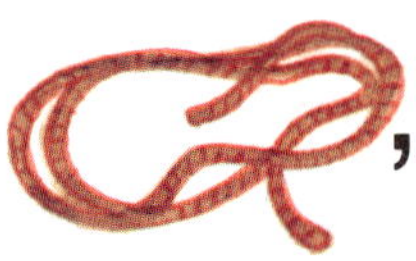, son petit 

gonflable sur le sable brûlant.

Les  ressemblent à des

petits  blancs.

La mer est une grande  !

La baignade donne faim.

Nicolas le  partage les 

et petits  aux  qui

sont dans son  .

Maintenant construisons un 

de sable.

Nicolas le  prend vite sa  .

Le  décore les  avec des  en forme de  et de ♣. Il manque des  !

Sur les , Nicolas le 

met des  dans son ,

tandis que Bruno le  attrape, avec son 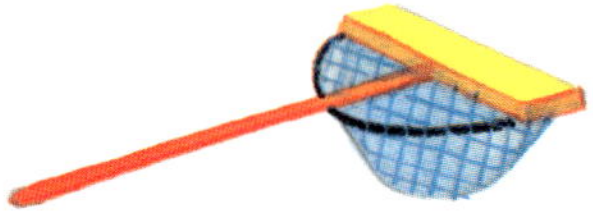, dans les ,

des , des , des 

et même une  de mer.

Le  de sable sera beau!

Nicolas le  trouve de jolis .

Les  se posent près de lui;

mais l'eau monte, monte!...

Tout à coup, Nicolas le  se retrouve sur une petite  déserte. Il appelle à l'aide en agitant le . Sa  lui serait bien utile, car il ne nage pas encore comme une ! Les  aux belles  colorées passent sans le voir.

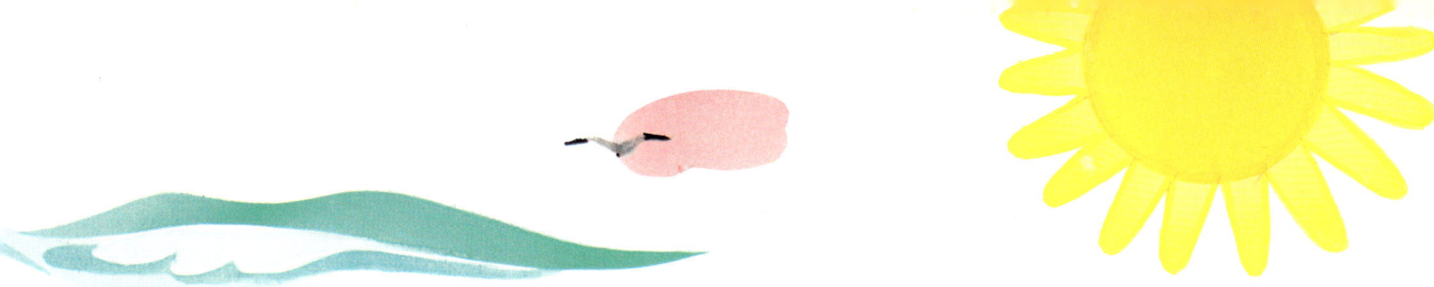

Enfin, sauvé! Assis sur

une  et entouré des 

qui viennent d'être pris au  ,

Nicolas le  passe devant le  .

Plus de  ! Son  est vide.

Le  lui donne de belles 

Saint-Jacques et puis, sa  .

Quelle joie de retrouver son ami!

A l'ombre d'une  , Bruno le 

offre à Nicolas le  , un 

pour lui faire oublier ses émotions.

Mais catastrophe!

Les  ont déjà démoli deux 

du  .

Demain, le  sera construit

plus loin, près du  et de

la  où les  n'iront pas.

Nicolas le  retourne à la .

Il racontera sa mésaventure à sa

maman  et promettra d'être prudent

N° d'impression ; 7898904

Imprimé en Belgique
Dépôt légal : 4.89/0058/62